QUERIDA BETH

ANDREA COTE

QUERIDA BETH

XXIV Premio Casa de América de Poesía Americana

VISOR LIBROS

VOLUMEN MCCLVIII DE LA COLECCIÓN VISOR DE POESÍA

Un jurado compuesto por León de la Torre Krais, Jesús García Sánchez, Benjamín Prado, Javier Serena y Daisy Zamora y de secretaria Anna María Rodríguez, concedió a este libro el XXIV Premio Casa de América de Poesía Americana, que otorga la Casa de América de Madrid.

Isaac Peral, 18 - 28015 Madrid
www.visor-libros.com

ISBN: 978-84-9895-568-2
Depósito Legal: M-3197-2025

Impreso en España - Printed in Spain
Gráficas Muriel. C/ Investigación, n.º 9. P. I. Los Olivos - 28906 Getafe (Madrid)

Se fracasa siempre en hablar de lo que se ama.

Roland Barthes

Para Juliana Martínez
Alexandra Trillos
Lina Namari
Sylvia Aguilar-Zéleny.

En la ruta migrante,
mi peregrina tribu.

NOTA

En 1974 mi tía Beth emigró a los Estados Unidos con un visado de promesa de matrimonio. Permaneció en ese país por cuarenta años y siempre tuvo dos o tres trabajos por los que ganaba el salario mínimo. Se fue con una promesa de amor, pero vivió una vida de precariedad como la de muchos otros migrantes. Cuando nadie quiso emplearla regresó al país con una sola maleta, dejando un rastro de olvido, como el de tantos cuya memoria desaparece.

Este libro está escrito con fragmentos, cartas, datos, diarios y notas. Retazos de voz propia y de otros. Pero es sobre todo un poema porque se sabe que una historia completa solo puede contarse entre sus grietas.

Beatriz Botero llegó al aeropuerto JFK de Nueva York el 19 de diciembre de 1974. Provenía de la capital del departamento de Caldas, Colombia. Se presentó como esposa legítima de Donald VI, hombre blanco, diez años menor, con quien contrajo matrimonio días antes de su llegada. La pareja residió hasta diciembre de 1975 en un apartamento de medio sótano en Perth Amboy, New Jersey. Tuvieron un hijo al que llamaron Jr. Después del divorcio, Don no les otorgó el permiso de viaje. El niño tenía 11 años cuando visitó Colombia por primera vez.

PESADILLA AMERICANA

La tía Beth quería que yo escribiera la historia de su vida,
el periplo de su único viaje,
los cuarenta años que pasó en el extranjero.
La historia de su mala suerte.

Beth siente que esta autobiografía por encargo cambiará
    la vida de ambas.

Lo que Beth espera de este libro es extraordinario:
escribir contra el asilo
escribir en lugar de ser pobre
escribir para no cocinar
        para no dormir

        escribir para el olvido.

ME PREGUNTO

si es verdad que hace treinta años
como dices
el paisaje era otro:
    la nieve más alta
    la casa más baja
    más fuertes las ganas de llegar.

Me gustaría saber si ya lo conseguiste
    TODO.

Ya sabes:
    el abrigo de piel
    las botas de cuero
    la nacionalidad
    la tabla de esquiar.

Y dime, Beth
    ¿qué trajiste de casa?
    ¿qué de todo lo que fue arrasado perduró?

¿Estas fotos
    la estatuilla de José Gregorio
    la botella de anís?

¿Es esta cruz
igual
a la del pueblo?

Verás,
a veces siento
que la casa se repite
como la guerra misma.

CRISTINA

Nos dicen casamenteras, pero el mío es un talento
especial. Nos hacemos cargo del amor entre adultos.
Todo el mundo sabe que para arrancarse de un sitio hace
falta un amor o una guerra.
Se necesitan dos verdaderamente hambrientos.
Pero la gente gime, rebuzna y se retuerce porque quiere
comer, pero no sabe de qué tiene hambre.

ANTES DEL MUNDO

Penca de sábila y yema clara
para atar rizos;
cáscara de piña en agua
para alisar el vientre;
zanahoria rayada y coco
para el color de la piel.

El orden
sí cuenta:
primero vinagre,
luego limón,
bicarbonato en los dientes
lo último,
para impedir el daño de todo lo demás.

La madre
facilita los ritos
pero no los cumple.
Va cerniendo
—con excesiva demora—
la harina de pan.

La tarde entera es para trenzar:
entre las manos rubios cabellos

entre la aguja el hilo,
entre la hamaca las piernas.

Lo que importa es demorar el avance
del día en que vengan
por la primera.

Tan dulce es la infancia
de esas mujeres
como fatigoso y ruin su futuro.

La primera vez que Cristina mencionó a Don fue en una carta que le mandó a Beth desde Indiana. Le contó que en su último viaje a Perth Amboy conoció a este hombre soltero, joven y bien parecido, mejor decir alto. Estaba deseoso de casarse, compartir la pensión y la casa con una buena muchacha. Solo pide que sea agraciada; clara, mejor decir rubia, de preferencia colombiana, que cocine, que lo sepa cuidar. Al menos sé cocinar, pensó Beth.

AZUL

Como todo ciudadano modelo de este país,
Don lo adeuda prácticamente todo:

  la camioneta,
  la casa, la última suscripción,
  los palos de golf,
  la podadora,
  el equipo de esquiar.

En su fortín suburbano,
bajo un enjambre de neumáticos y clavos
atesora el ajuar
de todos sus futuros posibles
—uno de ellos muy negro—.

Como todo ciudadano modelo,
  se pasa el día esperando
  el periódico
  y una revelación sobrecogedora.

Cree en los espías,
  en el microbio asesino
  en las conspiraciones,
  en Dios
  y en ese acontecimiento telúrico al que llaman amor.

Cuando miro a América
        en la cara de Don,
la inesperada transparencia de sus ojos
tan azules,
me desarma.

Cuando miro a América
        en la cara de Don
deseo para ella
un milagro más noble que sí misma.

Cuando miro a América
        en la cara de Don
la veo triste.

UNA ESPOSA PARA DON

Te conectamos con más de un millón de mujeres
colombianas.
La ciudad no importa. Las mujeres bellas están dispersas
por el territorio.
La colombiana es:
Femenina.
Family Oriented.
Fiel.
Se le conoce por ser una esposa responsable.
Usa ropa colorida y mucho maquillaje para realzar su
color de piel,
bronceado natural,
exótica.
Habla *suficiente* inglés.
La colombiana sabe lo que quiere,
conservadora,
católica,
le gusta cocinar.
Su sueño es viajar.

Lo que busca del hombre es
fortaleza y madurez.
Quiere un compromiso serio, que el hombre provea
seguridad.

Conozca su novia colombiana hoy.
Asesoría migratoria.
Para mayor información:
1800-BRIDETODAY
https://latinwomendating.com/columbian-brides

UNPEZ.COM

Soy una mujer educada
Soy mujer de un solo hombre
Soy una linda mujer curiosa y creativa
Busco hombre en Estados Unidos para matrimonio
Creo en la familia y en Dios
Seriedad y sinceridad
No me gustan las mentiras
Busco hombre en España para matrimonio
Soy una mujer extrovertida
Me gusta disfrutar de la vida
Nunca te ocultaré nada
Me gustan las cosas nuevas y viajar
Romántica y responsable
Busco hombre en Canadá para matrimonio
Respetuosa y hogareña
Me gusta la rutina
Doy lo mejor de mí, espero recibir lo mismo
Soy una mujer amable
Tengo los pies puestos sobre la tierra
Soy una mujer muy tierna
Tengo mis metas claras
Deseo conocer más de lo que hasta ahora
Y en compañía de mi hijo
Busco hombre en Suiza para matrimonio

Soy una persona con virtudes
Me gusta la vida tranquila
Busco hombre cincuentón para relación seria
Soy una mujer estricta
Soy estudiante de medicina
Quiero especializarme en otro país.
Entiendo el inglés
Soy la que estabas esperando.
https://www.unpez.com/es/mujer/colombia

INVENTARIO N-400

¿Tiene usted la intención de permanecer?
¿Es su nombre su nombre?
¿Suyo su rostro?

Indique el número total de hijos.
Escriba todos sus nombres.
¿Ha sido usted prostituta o proxeneta
o ha participado en algún juego ilegal?

¿Ha estado casada más de una vez?
¿Ha estado casada por motivos distintos al amor?

Sí o No:
¿Tiene usted un arma o un motivo para usarla?
Y si la ley lo requiere,
¿la usaría por este país?

Ahora lea esta oración sin hacer pausa.
Escriba una pregunta legible.

Certifique que habla inglés.
Certifique que está dispuesta a renunciar a todo,
absolutamente todo:
país

herencia
títulos nobiliarios
príncipes
de todas las lenguas,
también la rabia.

Júreme
qué no le ha mentido nunca
a funcionario de este país
que tiene fe en la ley,
en el trabajo duro
y en que la ayude Dios.

Beth se había enamorado a oídas del sitio. Todo por los relatos de Cristina, la prima. Ella logró llevársela con toda su resolución atada a la más absurda de todas las promesas: la de haberle encontrado un buen hombre.

New Jersey era las dos cosas: la tristeza y la alegría suburbana. Nada como entregarse a la contemplación de esas casas cuyos paneles blancos no los toca ni el aire.

Adentro de tanta muñequería vive el aliento de tardes detenidas, el sopor de otro mundo que obliga a las ancianas a tejer colchas de retazos al amanecer. Y Beth con la música encendida después de las cuatro para no escuchar ese elegante silencio de aquellos para quienes un craqueo de niebla en la espesura no es heraldo de alguna desgracia.

Y Beth, qué poco sabe de esa entrada luminosa que hace la luna en las casas de gente que duerme con puertas y ventanas abiertas, expuesta al paseo azaroso de una ardilla, a la entrada súbita de lo que todo el mundo llama, una vida mejor.

Nuestra lengua materna no es para nada una madre,
sino una huérfana.

OCEAN VOUNG

Aterricé en el aeropuerto JFK en el año 2005, 30 años después de Beth, llegué la mañana del cuatro de julio. También yo recibí una oferta, pero no era de matrimonio, sino una beca para hacer estudios de literatura hispanoamericana. Me preguntaron, en el puerto de entrada donde refrendaron mi visa, qué sentido tenía estudiar español en los Estados Unidos.

ESTACIÓN CENTRAL

Un gran estómago
lo mismo te expulsa o te tritura.
No logré verla bien
antes de que me escupiera
en pleno centro suyo.
Asciendo por la entraña
del ruido hasta el ruido,
la turba por la que tanto esperé,
y un rebaño de rieles detrás de mí
murmura que todo es posible.
Recibo el asombro,
al centro del centro
estoy yo.
Nada permanece inmóvil,
mucho menos el ruido,
traqueteo de pasos,
rieles,
zumbido de trenes en la respiración.
Lo importante es moverse.
Partir es el nombre del sitio al que he llegado.

ELLA Y YO

Desde el 2005 iba cada dos semanas a verla, salía de
Nueva York el sábado y volvía el domingo. Yo tenía auto,
me gustaba manejar en invierno. Los rayos de sol sobre
cascos de nieve, silencio en la vía rápida.
A mi llegada la lista: farmacia, supermercado, oficina
de correos, tienda hispana, Goodwill y el banco.
Poco después la correspondencia, comida rápida y meter
la cabeza en lo imposible:
El nombre no coincide en los documentos de pensión,
los bonos de comida, la ayuda para el doctor, duplicaron
el costo del seguro de vida y el casero quiere más.
Hay que llamar a quien sea que conteste a esta hora,
hay que escribirle una carta a todo el mundo.
El domingo misa en español y el trayecto de vuelta
—se hizo lo que se pudo—, de noche, no me gusta
conducir, aunque lo hago. Beth también lo hacía en
los primeros años, pero después del divorcio tuvo un
accidente grave. Confundió el freno con el acelerador,
estuvo meses en cama y la terapia costó miles de dólares.
El Instituto Nacional de la Salud asocia el estrés de una
separación a un incremento en accidentes automovilísticos
similar al que produce el estado de embriaguez.
Beth siente que aún tiene algo enterrado en el cuerpo.
Lo han buscado y no se ve, como todo ese miedo.

4 DE JULIO, APARTAMENTO DE BETH

Como en un tablado
que lo mismo se arma o se desarma,
—una casa de tatuajes
o una dentistería de barrio—,
uno de los sillones de tu casa
todavía tiene un forro plástico.

Me resulta excesivo
el modo en que este asunto
me devuelve a la infancia:
las carpetas tejidas
amarillándose de tedio
en sobres de celofán.

Los relicarios de piedra
las cadenas de plata
los anillos que hundiste
entre esa sábana
al fondo del cajón
donde se apelmazan
las cosas que vamos a llevar
al otro mundo.

Entonces comparto
la asfixia del sillón
y soy de la misma hebra encapuchada
y me retuerzo
al saber que decimos
vivir
ante esta ceremonia
de preámbulo de mundo.

ESE ANIMAL

Hay un tren en la memoria, sobre su riel cenizo crecen
capas de musgo.
Es el tren del pasado, un fantasma que ruge y parte en
dos el sueño de la infancia.
Todo traqueteo de una locomotora en mi país supone un
sonido ominoso.

Pero aquí, ya sabes, me subo al tren como al lomo de
algo, y detrás vienen otros.
Estamos tan cerca que el temblor de un cuerpo entra en
la respiración y no me importa que algún desconocido
recueste su cabeza en mi hombro.

Hacemos de todo en el tren, dormir es lo de menos,
maquillarnos, comer, hablar en lenguas.
El calor que anda arriba de nosotros, ese lomo extendido
sobre el mundo,
es ese animal del que te hablé todo este tiempo.

¿Recuerdas?

El primer pasaporte, el billete de tren. La fortuna de no tener.

El aturdimiento y la gracia del recién llegado.

No tiene licencia, no puede ir al supermercado. No sabe inglés. No sabe que falta una hora para el próximo bus. No tiene tarjeta de crédito. No tiene dirección o recibos a su nombre.

Sabe caminar, pero eso aquí
no le sirve de nada.

VISITA A AMISH TOWN

En la fila de autos, esperando nuestro turno, nos abrimos paso entre gente que también va a pagar por entrar. Es teatro y es mundo. Allá están las que hacen las actividades diarias y entre otras tareas, nos ignoran.

Entre tanto trabajo innecesario, cortar ella misma el pan, lavar la fruta o torcerle el lánguido cuello al pollo, le cae además el quehacer de no verme, no decir nada cada vez que una como yo cruza el umbral.

Entro a la casa y subo, y aunque ni siquiera es mediodía todo está impecable, ni migaja, ni plástico, ni colorido polvo. Tan virgen es el aire que no lo ha tocado ni el ruido. Sin querer me voy encorvando, reverencial, me voy rindiendo como un animal exhausto.

Con la imaginación entro y me paseo por la habitación de la hija más grande, imagino que la dueña de toda esta quietud soy yo y por las piernas me baja una sensación de frío y una brisa de como cuando yo era feliz.

Y voy viendo lo poco que cabe en el armario y quiero apoderarme también de esa precariedad, la simpleza elegante, y sigo paseando la vista por las cosas y las voy reclamando, y entonces me detengo en la pared, y contra una percha, erguido sobre el mundo, veo el sombrero de padre, el oscuro y excesivo, incómodamente ancho sombrero del padre. Comprendo de inmediato que yo he estado aquí antes. Y sé lo que pasa cada noche.

A las seis de la tarde se rinde el azul y un chasquido de grillo abre la noche y el largo sombrero cruza el umbral, y una estela de pavor por arriba de las tablas va empujando lo negro. Por las piernas baja frío y viento y no es felicidad, y la calma de la casa es un cristal que se quiebra, pero en perfecto silencio.

ESE TORO SOMBRÍO

Vengo del miedo.
con el pavor te alimento,

el pan de su escalofrío lo corto
entre tus pobres.

Oigo maderas crujir
por un rasguño de animal perverso.

Entro en la oscuridad.
me siento al centro de su pastoso fondo.

Desde allí te pido que me cuentes
tu historia más cruel.

Saludo al terror, ese toro sombrío,
me disputo tu nombre entre sus fauces.

Pruebo la fruta cuya corteza rugosa
comen bestias que no conocen el sabor de la miel.

No hay alimento más amargo
que un fruto del amor atravesado por la duda.

LA VIDA FÍSICA

Si casualmente en la mitad del camino entre la ciudad y el suburbio se rompiera el tren, nos caería como piedra sólida la certeza de que andamos viviendo en mitad de la nada. Roto el tren, y nosotras en medio de este vastísimo despoblado, perderíamos la cantidad suficiente de velocidad como para tener que, así de pronto, reconocerlo.

Esa esquina blanqueada de este país en la que terminamos por reunirnos, la visión más saludable del mundo, la grama más libremente domesticada.

Por supuesto es otro baldío, pero en nada recuerda nuestro baldío original. Entre estas casas recién pintadas y nuestros pueblos derrumbados, hay cientos de diferencias aparentes, pero hay una, sobre todo una gran diferencia fundamental: aunque aquí tampoco nos gusta vivir, esto lo escogimos nosotras.

VENTA DE GARAJE

Hay qué imaginarse quién lo tuvo primero, cuándo lo perdió, dice Beth. De qué manera providencial ha venido a caer ante mis pies. Levantar, temerosa, el galeón hundido del capricho ajeno. Igual que un espía, un atracador delicado.

Hay montañas de ropa nueva que se mueren de tedio y esa trabazón de trapo se ve cómo que apesta. ¿Qué le hace? Los que tienen supersticiones contra cosas rotas o enmendadas que salgan. Nosotras revolviendo la caja de anteojos, no vaya a ser, la mesa de utensilios, qué cosas más raras. En ocasiones tienen la etiqueta todavía. Siento pena por los que no lo han vivido. Creo en el destino y en Dios.

No hay dinero en el mundo capaz de comprar la alegría de pagar casi nada por lo que otro pagó tanto. Pero cada quien con su suerte, y hay que tener ojo, o suerte más que nada. Yo cada vez que la tengo perdida me vengo aquí y de un modo u otro la recupero.

ÁRBOL

Para Santiago

Hundiendo las raíces en la tierra,
los ramajes en el aire,
el mayor acontecimiento de mi vida
está en el cuerpo de otro.

Esta blanda leña
que un día fue corteza entre mis manos
ahora es tronco sólido.

Una savia de piedra lo alimenta.
Ígnea materia entre las ramas.

Crecer es vegetal,
sucede
en dirección al sol
lo que ante él se abre
a sus pies se destruye.

Árbol adentro un crujido sigiloso
llamado que solo yo percibo,
que solo a mi atañe.
Mientras más recia es la pulsión de tu partida

más se hunde tu raíz en mi
más mío,
más adentro tu cuerpo que se aleja.

Es porque Beth a todo el mundo le dice la
misma cosa para que la disculpen,
para que la comprendan: «Se me olvida el
español y no aprendo el inglés».
Hubo un tiempo en que yo era capaz de
reír al escuchar semejante desgracia.

LA LENGUA DE BETH

I

Si Beth pregunta por pan, alguien responde piedra.
Si piedra es lo que hace falta,
recibe a cambio un silencio blando.

La historia de ella entre los otros es la de la lengua
equivocada.

II

Beth recoge un puñado de caramelos en la sala de espera
desteje el dulce del celofán
desliza uno o dos sobre la lengua dormida,
muerta.

Un ropaje de siglos envuelve
el cubo denso, indestructible.
Se traga otro más.

La lengua de Beth se transforma en dulzura taponada.

Su lengua atiborrada profiere un desatado silbido.
La impaciencia de la enfermera adivina lo que dice.
La impaciencia de la enfermera tira de la lengua de Beth
y la enrosca.

Un nudo de mieles, atado de vocablos, recientemente
olvidados.
Por los pasillos la indiferencia de la enfermera empuja,
arrastra y cruje, pero no habla.

En el centro de la lengua de Beth estalla una sed
desconocida

De toda excesiva dulzura
se desprende
una amargura sin nombre.

LA MALA SUERTE

Como una pelota cuesta abajo
        al desvío de su propio peso,
la mala suerte le bajaba por el nombre.
En ella se tiraba como en una poceta cálida.

La heredó,
        me parece, de otro abuelo,
uno que quebró la curvatura del anhelo
de tanto comprar billetes de lotería.

Y ahora que ha caído el yugo sobre el prado
        la acera,
        el souvenir,
        el apellido,
¿quién consolará a estos mártires de la superstición
que somos?

Hay quien se preocupa
por el producto, la manera,
la acumulación de sus obras,
el trabajo
del que proviene todo hombre

más no Beth
        ni sus desgracias
porque eso, todo viene de una estrella
que a ella, concretamente, le falta.

Querida Beth,
en una historia como esta los personajes son
cada vez menos.
¿Recuerdas todo ese tiempo entre nosotras
cuando hablar era ordenar el olvido?
Tan larga se volvió nuestra lista de pérdidas
que ya es una lengua en sí misma.

MILLONARIOS

Muy pronto ella se unió a ese grupo de devotos, la tribu de seres cuyos ojos se inyectan de vida a razón de una o dos veces por semana cuando compran billetes de lotería. En ese mercado de ilusión portátil disponible en la gasolinera, donde esperan las ristras de *powerball,* se desata un breve pero intenso prodigio entre la apuesta y la espera. Usted tiene entonces la ocasión y una razón válida y material para imaginarse todo lo que haría, y para cuánta gente, con el abundante e inesperado usufructo de su premio de lotería. No importa si ya escuchó del agridulce destino las estadísticas, nada espanta la posibilidad de regodearse en el paganismo exacerbado y voraz. Ese tiempo secular en que la gente no trabaja, ni siembra, ni recoge. Tiempo en que no aprende, no acumula, no da ejemplo. Tiempo sin herencia, sin legado, antepasado, la madre que lo parió, el hijo que finalmente lo despilfarró. La lotería imaginaria permite el exceso de no madrugar jamás. Cuando Beth se mira la mano ilusoria, manicure; la pierna bronceada por el ocio. Al final del día ya está exhausta de tanto decorar hipótesis. Mañana tan solo un raspadito, 300 para ajustar la renta y 150 para algo lindo.

CERCO

Desde hace semanas
los estoy esperando.
Sé que vienen por mí.
Al amanecer, a medianoche,
compruebo puertas y cerrojos
y vuelvo a empezar.

El día se consume
en disponerlo todo para su llegada.
Inspecciono habitaciones y pasillos
recorro cada resquicio,
clausuro cada rincón de esta casa
en la que puedo jurarte
que no entrarán.

Sé de las preguntas que hacen, créeme,
la ranura secreta por la que nos observan
y aún si todo está intacto
—lo sé—
todo lo veo desacralizado.

Hemos cerrado las puertas
hemos cerrado la boca
y los ojos adentro de los párpados.

LA PIEDAD

Nosotras
a los hombres
los hinchamos por dentro.

A los padres, en las casas de mi pueblo
les daban de comer doble ración.
Si quedaban hambrientos
les daban carne de la madre,
la carne de los hijos y los perros,
y los trozos de jamón uno tras otro
antes de dormir.

Eran padres exhaustos,
de los que a duras penas levantan la barbilla del plato.
Padres que se atracan de huevos y cebollas
con una ferocidad
que nada tiene que ver con el hambre.

Nosotras a los hombres los hinchamos de pan,
sentados a la mesa, los hermanos
levantan, no el rostro,
sino un agujero grande y brumoso que todo se lo traga.
Por allí vamos metiendo
viandas y frutas

para aplacar el hambre del hermano,
tierno animal.

Nosotras a los hijos los hinchamos de miel
y cuando ya están heridos y enfermos de abundancia
los seguimos cebando por las piernas y los ojos
hasta que están recios, olorosos y pesados.

Nosotras a los hijos les hablamos del hambre hasta
    en sueños
y luego se van por el mundo creyendo que el hambre
    es un dios,
comprando bultos de manzanas para rendirle tributo
entre cascadas de restos que caen de sus mesas atestadas.

Nosotras a los hombres ya no los reconocemos,
esos pobres muchachos, con sus dedos rechonchos,
gordos y torpes. Avientan platos y cacharros
que nosotras levantamos del suelo
sollozando de piedad por el que ahora,
al fin,
se mueve como un animal peligroso.

INSTANTÁNEA EN LA COCINA

Para Minerva Margarita

Al centro
la mesa
de madera sólida,
reclinada ante su lomo
parece que te viera:
la mesa es la
piedra,
y todo lo que sobre ella
pasa
es río:
la tarde sucesiva,
la luz matinal,
el alimento,
los hijos
que solo cruzan el umbral
y ya son hombres.
Pero a cierta hora,
cada tarde,
la misma mesa es una balsa,
arribando sin estruendo
al corazón del fuego,
como si escribieras

un poema en medio de la guerra.
Para dar cuenta de ese tránsito
tu nombre
entre otros asuntos tuyos,
privilegio de dioses.

LO LEJANO

A Beth no le interesa lo que viene
después de mañana
ni lo que Dios proveerá.

Dios para Beth es el trabajo,
el origen del hombre y
de la mujer.

La fábrica de maravillas.

Si uno se pone a pensar qué le ha dado Beth
a este país
la respuesta es un hijo.

Pero si uno se pone a pensar
qué le ha dado en cambio el país a Beth,
la respuesta es un hijo.

Cada mañana, mientras se desviste
rastros de luz,
se cubre de lana,
poliéster, caucho.
Beth enfila
la frente altiva,

paso firme,
la mano abierta
en dirección
a ese lugar del mundo
llamado
el trabajo.

Lejos de casa,
cerca de sí misma
a la hora del descanso
por teléfono el hijo.

De noche,
en el barrio
se escuchan rumores
de una preparación,
potajes sobrenaturales
un mal de ojo para cuidar o perjudicar a alguien
eso también se llama *un trabajo.*

Lo que importa es el trabajo, dícese de toda ocupación retribuida, esfuerzo, obra, producto u operación humana. Hay que decir *trabajos*, en plural, para no correr el riesgo de perder alguno.

Lo que importa es el verbo, extender la palabra t*rabajar* sobre las horas de un día, junto a los lados de un cuerpo. Que el trabajo apilado sobre sí mismo pulule debajo de las uñas, en las cuencas de los ojos donde quiere decir molestia, esfuerzo, dificultad, estrechez por medio de la cual nos vamos enfilando hacia quién sabe dónde.

Beth piensa que el trabajo es una época de la vida que empieza cuando termina el matrimonio.

A veces también parece que describe su amante ideal. El trabajo no me pregunta la edad, no se fija en las uñas o el cabello sin pintar, y entre nosotros no existe el pasado. Me gusta el trabajo porque entre todas las cosas de este mundo es la única que no se termina nunca.

AUTOBIOGRAFÍA DE OTRA

Contra la avaricia del tiempo
madurar cuerpos y hojas
entre esas mismas hojas.

A todo sí, pero al asilo, ¡No!
Para no ser viejo entre lo viejo,
carne entre la carne,
y en el invierno que entre mantas te sepulta
el frío
arriba de las máquinas
sembrar lo sólido en la grama.

Pobre de ti
que en el amanecer de tu vejez
te ovillaste tan plácida
sobre el sillón
flaca y mínima
para que yo te cargara de vuelta
a casa como en brazos
cuando solo quedaba una esperanza:
que esta promesa rota fuera
una oportunidad para volver a empezar.

Me pregunto qué sacó Beth de casa en las últimas 24 horas antes del desalojo, y si aún le quedaba algo de lo que originalmente trajo al país. Me pregunto cuáles son las dos o tres cosas que cualquiera llevaría de un país a otro; uno que viaje con prisa, por un propósito de supervivencia. Esas dos o tres cosas que uno no abandonaría, aunque le dieran cinco minutos para salir corriendo de su casa/vida.

¿Un billete, una daga, un zafiro, un papel? Pienso en todas las veces que alguien se enfrentó a ese mismo problema. ¿Qué iría a pasar con su riqueza, y si es riqueza lo que no puede transportarse en las entrañas?

¿Usted qué sacaría de su casa en llamas?

(Pregunta para un candidato a cualquier cosa).

DESPOSEER

Beth en la ventana
Beth entre jirones de voz
matando cucarachas.

Beth acumulando trastos
irguiendo columnas milenarias
de cacharros, revistas, muebles viejos.

Beth, emperatriz de fragmentos,
diosa de cachivaches,
coleccionista del bastión pueril.

Beth rasgando papeles,
cupones propios y de otros,
basura propia y ajena.

Beth acumulando cartas,
leyendo sucesivamente en ellas la palabra América,
viendo su riqueza que se aleja ante tanta posesión
inesperada.

INFLAMABLE

En la esquina,
mesita de madera sólida;
no prensada.
Por arriba una carpeta,
dícese de paño de hilo
fino
tejido,
difícil de alisar.
Estorba mucho más de lo que cubre,
pero atestigua que alguien alguna vez tuvo
eso que a Beth tanto le falta:
un montón de horas de ocio.

Arriba de la mesa, iglesia de barro,
a la derecha una fotografía
de una casona cafetalera de guadua.
Detrás de este altar de casas de otros
un velón siempre encendido.

Me quejo,
sería tan fácil tropezar, inflamarlo todo.
Beth no está preocupada,
ella sabe lo que sabe,
cuéstele lo que le cueste, no hay riesgo
«arriba de Dios no vive nadie».

LO QUE NO SABE BETH

Como una gata
sobre el centro de esta idea
una vez más,
se ovilla.

Cada vez
que llegamos a este punto de la conversación
dice la misma cosa y sorprendentemente
de la misma manera.

Fulgor de círculo
que no sorprende.
La jornada del cuerpo es círculo,
la palabra
círculo.

Los jueves
la vecina,
que también es de nuestro pueblo
pero sí tiene auto,
(todo por cuenta del marido
/la lotería del marido)
viene de visita y reparte bondades:
pan de maíz, marca *pathmark,*

leche,
puré de manzana.
Beth le dice una vez por cada pan
que es una santa.
La vecina sale caminando
como que se lo cree.

QUERIDA BETH

Las muchachas de Perth Amboy
agregan al viento
minúsculas lágrimas
para desatar la tormenta.

Recuerdo
la primera vez de todo
en este predio:
el buzón, la nieve,
tu libro de cupones,
la clase de inglés,
el olor a desamparo
en los pasillos.

Entonces,
el invierno,
la enfermedad liminal
de las aceras.
El frío,
en la comisura de los labios,
arriba de las máquinas,
del mostrador
y de los signos vitales.

El frío
interviniendo
la raíz profunda de la rabia,
sembrando lo sólido en la grama
arreciando el tallo de la rosa
y de tu propia bondad.

Pero pienso,
querida Beth,
que debe ser cierto
que antes de nosotras
hubo otra peregrina tribu
pastora de la pérdida,
esas muchachas
en Perth Amboy
sacudiendo la sábana
desdiciendo del clima
de sus muchos oficios
y subiendo regularmente
la colina erguida
de la ira
nuestra
diosa matutina
la primera lengua que
aprendimos aquí,
nuestra gran posesión inesperada.

Yo me pregunto
querida Beth
¿es esta lustrosa,

piedra pulida
de la rabia
la tierra que nos prometieron?

NO

No volvió al país
No se hizo cirugía en verano
No aprovechó la devaluación del peso
No tuvo finca raíz
No le hizo caso al agente
Ni al apoderado
Por lo del cambio involuntario de nombre
No volvió a conducir
No aprendió el idioma
No le enseñó a nadie el idioma.
No hizo el papel de los cupones
No tiene crédito
No sabe dónde puso el número del trabajador social
No recuerda
La clave del banco
Las nanas en español
El cumpleaños de Ed
No peleó por la casa
No tiene seguro
No hizo los impuestos
No volvió a escribir
a pintar
a cantar
a correr.

No tiene ahorros
No tiene pensión
No tiene la nacionalidad
No se sacó la lotería
No
No.

TU NOMBRE

Si te llegan las cartas que te escribo
sabrás que el tiempo ha impuesto
vacío sobre mi cuerpo,
mi casa,
mis palabras.

Dejaré una nota entre la hierba.

No sé nada de los otros
en la ruta de pájaros solitarios,
pájaros hiedra
estallando
contra un tronco de viento estremecido.

Pero de parte de los que no regresarán
conviene que sepas
que no es esta la última batalla que
se librará en tu nombre.

ECOS

Yo no quiero elogiarte como acostumbran los arrepentidos,
porque te quise a tu hora, en el lugar preciso,
y harto sé lo que fuiste.

«Tía Chofi». JAIME SABINES

No tardará mucho en levantarse del todo
este escombro de voces y preguntas para ti.

Alguna ráfaga sacudirá el polvo último de tus reclamos,
las motas de luz, los resquicios de tu anhelo.

Y una niebla fina barrerá el fantasma de tu paso
por la casa que no tuviste nunca,
la insignia que nadie te hizo llegar.

Y en el rostro de los hombres que amaste
una estela de dolor al escuchar tu nombre,
una breve, efímera conmoción,
será tu última conexión física con este mundo,

el único lugar sensible
más allá de los murmullos que agrupan
estas palabras,
porque desaparecer también es un legado.

Partir
es siempre partirse en dos.

Cristina Peri Rossi

Hablo del retorno, pienso por un momento que existe.

Estoy rodeada de gente repleta de lo mismo que le hace falta: lengua, país, bienes raíces, número de identificación. Cuando me preguntan de dónde vengo, sonrío, el lugar del que vengo no existe más.

Pero allá, sin embargo, estoy volviendo.

NIEVE

¿Qué estará haciendo Beth
a esta hora en el trópico?
Con botas de invierno
en el balcón
viendo cruzar aviones
de los que no sabe nadie,
como de ella misma,
si van o vuelven.

¿Qué pensará Beth
ahora
que una fina llovizna
de papel picado
colorea la baranda
en que se apoya?

¿Será nieve?
se pregunta,
igual que la primera vez
hace 40 años
cuando un rocío
de láminas resquebrajadas
comenzó a cubrir el mundo,
y por primera vez

le dio un uso a la palabra
«pórtico».

¿Por qué suspira Beth
mientras contempla
las consabidas mieles
del retorno,
la cosecha
de tantas compensaciones
del regreso
entre las cuales destaca
sin ninguna duda
conquistar finalmente
el privilegio
de no soñar?

CAMINANTES

Leo que el 21 de agosto de 2021, Claudia Marcela Pineda salió de Tunja, Colombia, a través de México, con destino a los Estados Unidos. Investigo un poco más y descubro que días después las autoridades norteamericanas encontraron los cuerpos sin vida de Claudia y su hija, y junto a ellos al niño de 3 años muy débil. Poco antes de desmayarse Claudia consiguió comunicarse con el servicio de emergencia y pidió ayuda, su teléfono se descargó antes de que pudiera dar las coordenadas. Escribo:

Entrar sutilmente a la noche del niño,
hablar de la mano en su pecho,
absorber el estruendo de la oscuridad.

O ser la niña,
bajar al corazón triturado de la sed,
exprimir de la piedra su raíz herida.

Ahuyentar a murmullos
la colosal roca del silencio.

O ser ella,
un corte rutilante entre peñascos.
Hierba para el abismo,

para el risco,
paja.

Feroz rugido entre las ramas,
que entre aullidos
va cortando cabezas de serpiente hasta el amanecer.

Reptiles de agua,
luminosa espiral de polvo,
sueño y pesadilla de caminantes.

Hablo de lo que no se puede contar.
Acaso el viento
color sin fondo,
un roce,
la última caricia en la frente.
        Aunque sea eso.

LA MULTITUD

Nos dijeron que más allá del monte
        del plano
        del barranco
anda la vida que soñamos.

Donde empieza el dolor
a entumecernos las piernas
        nos vamos desprendiendo
de antiguos recursos de viaje,

más que nada
palabras.

Por no hablar de la sed
señalamos
gotas borboteando   entre piedras.

No podemos gemir,
para eso hace falta fuerza,
pero aquí todo es para andar:
        el chasquido de los huesos en la carne
        la rama retorciéndose,
        el aliento   sin aire

todo
es del tránsito.

No se puede pensar en lo que vamos dejando.
Amar es lo opuesto a irse.
Amar es hundir la raíz en algo.

Pero la voluntad de cruce
es nuestra estrella
        y más allá del cuerpo
        ya estamos del otro
        lado
solo nos falta llevarlo.

Hay voraces ráfagas
que me empujan hacia esos corredores,
        pero no entera,
        sino en partes,
y por la ruta
voy dejando
trozos de pan
girones de ropa
papeles rotos
los hijos que me da el camino,
los ramajes en que
se acurrucan
exhaustos.

        El cansancio,
un ruego

de cosas extinguiéndose
cuyo vacío
es más amplio
que el mundo.

Algo mío
de todo esto
        que avanza
podrá finalmente cruzar.

ÍNDICE

Esta primera edición de *Querida Beth* se acabó de imprimir en Madrid el 7 de febrero de 2025, vigésimo segundo aniversario del fallecimiento de Augusto Monterroso.